RICHARD WOLTER

LIEBESGESÄNGE

Gedichte

Richard Wolter wurde in Kirchdorf geboren, in der Nähe von Bremen. Heute lebt er mit seiner Familie in Thailand. Er mag die Abwechslung und bereiste beruflich und privat den größten Teil der Welt. Dabei lernte er Menschen aller Couleur kennen, hatte eine Reihe außergewöhnlicher Erlebnisse und trug einen Schatz von Anekdoten und Geschichten zusammen, die der Motor seiner Schöpferkraft sind.
Sein erster Roman erschien in englischer Sprache mit dem Titel „Slum Kids". In Deutschland veröffentlichte er die Kurzgeschichtensammlung „Das Dorf der Frauen" (VSH Verlag Schönrock & Heikamp).

Im Gill-Verlag erschienen von Richard Wolter folgende Gedichtbände:

„Letzte Nacht endete heute früh", 2018
„Der Tag erwacht nach Mitternacht", 2019
„Liebesgesänge", 2023

RICHARD WOLTER

LIEBESGESÄNGE

GILL
VERLAG

Gill-Lyrik
Taschenbuch-Reihe, Band Nr. 30

RICHARD WOLTER
LIEBESGESÄNGE
Gedichte

Originalausgabe
1.Auflage: Januar 2023

GILL-VERLAG Heinrich Heikamp
Neusser Straße 75, 41564 Kaarst
Verkehrsnummer: 95833
www.gill-verlag.de

Titelbild und Illustrationen:
Richard Wolter

Buchsatz:
Gill-Media

Coverdesign:
Renee Rott

Druck und Vertrieb im Buchhandel:
Book on Demand, Norderstedt

Druck Direktvertrieb Gill-Verlag:
Eisermann-Buchdruck, Bremen

TB: ISBN 978-3-926800-38-1
Ebook: ISBN 978-3-926800-39-8

Inhaltsverzeichnis

1

Wäre ich ein Poet der Liebe,
einer der über sie nur schriebe,
müsste ich dir ehrlich sagen,
deine Kühnheit schön zu sein,
würde ich auf keinen Fall beklagen,
auch nicht in solchen Stunden,
da dich und mich,
die Hässlichkeit dieser Welt verwunden.
Ich komponierte Zeilen,
die in Schönheit stets verweilen.
Und wärst du mal nicht sicher auf den Beinen,
würden meine Strophen ein Licht dir scheinen.

2

Ist Liebe ein Verb, Objekt oder Subjekt?
Singular, Plural, Nominativ, Genitiv,
Dativ oder Akkusativ?
Vielleicht ein weibliches Nomen,
welches lediglich eine theoretische
Auslegung erlaubt?
Kann Liebe für sich allein,
existieren oder nur gepaart?
Die Liebenden,
die Geliebte,
der Geliebte,
das Liebespaar.
Fehlt die treibende Kraft,
männlich oder weiblich,
kann sie nicht überleben,
und verwandelt sich
in Hass oder Kummer.
Die Liebe ist weiblich,
undurchsichtig und verwirrend.
Doch begegnet sie dir,
halte sie fest und pflege sie.

3

Lüftete meinen Hut,
sie sagte nur, machs gut,
und hängte dran im Gehen,
will dich nicht mehr wiedersehen.
Ich schaute hinauf ins Licht,
das Dunkle wollte ich nicht.
Sah nur gebrochene Farben,
spürte deutlich alte Narben.
Fragte mich,
was läuft denn hier nur schief,
hörte deutlich, wie sie rief,
lies bitte meinen Brief.
Im dichten Nebel lärmten Krähen,
werde ich sie jemals wiedersehen?

4

Will ein wenig noch verweilen,
versprachen deine Zeilen.
Fülltest voll die Schober,
oh, glänzender Oktober.
Doch weit,
ganz weit dahinter,
wartet schon der Winter.
Und der Tag wird enden,
sich zur Nacht hinwenden.
Und du,
und ich,
werden heimlich Wir.

5

Ach,
könnte ich dir
doch genauso nahe sein,
wie das regennasse Kleid,
das sich an deinen Körper schmiegt
und verharren dort,
für immer.

6

Flüchtig das Dasein,
ein Kommen und Gehen,
Wärme des Sommers,
Buntheit des Herbstes,
Kälte des Winters,
Erwachen des Frühlings,
vergänglich die Saisons,
Nur die heilende Berührung
deiner Haut verweilt,
überdauert Jahreszeiten.

7

Ich sah deine hellen Tage,
aber auch
deine dunklen Nächte
und verharre wartend
im Dunste deiner Zweifel.
Suchst du Halt,
entzünde eine Kerze
am glühenden Docht
meiner Liebe.

8

Lächele nicht
in dich hinein,
so bezaubernd,
so verloren,
denn wie das Meer,
in dem sich eine
Wolke spiegelt,
wird jeder sehen,
du bist verliebt.

9

Wir tanzten
im nun fahlen Glanz
vergangener Tage,
folgten keinem Stil,
keinem Tango, Foxtrott
oder Quickstep,
doch wir tanzten,
berührten uns,
unsere Herzen im Gleichtakt,
tanzten wir.
Folgten keinem vorgegeben Schritt,
aber wir tanzten.

10

In der Finsternis
streift mich ihr Atem,
zieht mich sanft
in die Glut ihres Leibes,
dunkel, wie die Nacht,
raunt sie,
du hast mein Herz gestohlen,
will einmal noch
die Köstlichkeit der Sünde
mit dir teilen,
sollst dich erquicken
an der Quelle meiner Gunst.
Ich bin deine Liebesgöttin.
Unsere Lippen
berühren sich,
doch ihr glühender Kuss
verbrennt mein Verlangen.
Ich will mich an sie klammern
doch ist da nichts.

11

Nach dem Bad
zogen wir uns eilig an,
dein Zug würde nicht warten.
In der Umarmung
glühten Abschiedsküsse
wir konnten nicht mehr stehen,
sanken zu Boden,
und als der Hahn krähte,
erwachten wir
auf dem seidenen Teppich.

12

Die Sonne nicht zu sehen,
meine Augen noch verklebt,
Wetter unentschieden,
schwelge ich in zärtlichen Gedanken,
möchte mich verschanzen,
hinter deinem Lächeln,
Kummer zu vergessen.
Vielleicht ist es der Versuch,
die frische Brise einzufangen.

13

Auf dem zugefrorenen See,
deine Spuren im Schnee.
Kamst von der anderen Seite,
sah dich tanzen in der Weite.
Oh du unablässig Rege,
findest unbeschriebene Wege,
folgst schweigend leisen Stimmen,
siehst märchenhafte Lichter glimmen.
Deine Schritte wie der Rhythmus
unserer Zungen tief im Kuss,
hauchten unsere Namen,
als vereint wir kamen,
fragten nicht was wir gelten
in nebulösen Liebeswelten,
waren zitternde Schatten,
als wir uns hatten.
Bleibst nun ein sanfter Wind
in meinem Gedankenlabyrinth.

14

Bitte,
keine Gefälligkeiten,
solltest dir selber ein paar gönnen.
Hältst du zu lange fest,
wirst du dich nicht befreien können.
Verzichtest du,
hast du nichts zu verlieren.
Und verbringst du deine Zeit mit mir,
obwohl du mich nicht ernsthaft willst,
darfst du dich nicht verstellen.
Gestehe dir einfach ein,
deine Gegenwart hilft weder dir, noch mir.
Bitte,
tue nur, was du wirklich willst,
nicht was du denkst, tun zu müssen.
Mich zu verlassen, wäre das mindeste,
das du für dich und mich tun könntest.
Und bitte, erwähne nicht,
wir könnten Freunde bleiben,
das würde meinen Respekt vertreiben.

15

Komm zu mir ins Boot geschwind
wollen nutzen den perfekten Wind.
Nicht einzufangen sind der Himmel
und der Geisterreiter auf dem Schimmel.
Lassen wir unsere Seelen fliegen,
den Kummer zu besiegen,
zu überwinden unsere Not,
segeln wir ins Morgenrot.
Momente werden nicht verbleiben,
drum lassen wir uns treiben
im fessellosen Raum der Libertät
noch ist es nicht zu spät.
Komm reich mir deine Hand,
später ruhen wir am weißen Strand,
zu genießen der Stunde Gunst
im warmen Ufersand.

16

Frag' mich nich',
denn ich liebe dich,
so wie ich bin,
ist einfach in mir drin.
Herz entbrannt'
an der Küste,
am Nordseestrand,
deine Brüste,
garniert mit Dünensand.
Dahinter jede Menge weites Meer,
auch diesen Anblick lieb' ich sehr.
Wellenkraft und Wellenhöhen
erzeugen starke oder milde Böen.
Land und Wassertemperaturen
hinterlassen auch noch ihre Spuren,
und die Brandung
hält das alles gut in Schwung,
aber nichts bringt uns ins Wanken,
dafür will ich mich bei dir bedanken.

17

Es stand ihr
ins Gesicht geschrieben,
sie war dabei,
sich zu verlieben,
Grund gab es scheinbar keinen,
doch fing sie an zu weinen.
Ich hielt sie fest,
Und unsere Schatten an der Seite,
schaute ich träumend in die Weite.

18

Kamst überraschend zu mir, Liebe.
Ruhe und Besonnenheit gingen.
Deine Lust schwächte mich,
Dein Feuer versengte mich,
Deine Fluten ertränkten mich.
So komm nun, Liebe,
halte mich noch einmal fest
in unserer letzten Nacht.
Morgen werde ich aufbrechen,
wieder ich zu sein.

19

Allein aufzuwachen
ist besser,
als jemandem sagen zu müssen,
man liebe ihn,
wenn die Kalesche der Zuneigung
längst woanders parkt.

20

Dein Schatten
auf dem Vorhang,
deine Stimme,
hinter der Tür
Hände,
Lust,
Verlangen,
wundersam,
wie wichtig es für uns war,
und bedeutungslos jetzt.

21

Wir erwachten,
standen auf
und gingen hinunter,
steil und steinig,
der schmale Weg.
Über uns,
endlose Weite,
blau gefärbt,
und wir spürten
den frühen Herbst
auf unseren Zungen.
Im hohen Gras,
leckten wir den Tau
von unseren Lippen,
salzig,
vermischt mit Tränen,
und tief unter uns,
der Klang der Glocken.

22

Im milden Hauch der Brise
nimmt es mich bei der Hand,
das Flüstern der Wellen.
Und mein Sehnen
treibt mich vorwärts
im feuchten Sand
sie zu finden,
die ich nicht sehe,
doch in mir spüre.

23

Bin ich es,
der liebt und lacht
die ganze Nacht?
Bin ich ein Sünder,
ein Guter, ein Betrogener
oder ein Geliebter?
Deine dunklen Augen scheinen
durch langes, zerwühltes Haar,
und der Duft deiner Haut
streift meine Sinne,
nährt die unerklärliche Scheu,
die mich gefangen hält,
in den weichen,
doch so starken Händen,
einer anderen Kraft.

24

Unterbrachst meinen Traum,
in der Tiefe der Nacht,
konnte deinen Zauber nicht berühren,
den duftenden Moment nicht sehen.
Doch meine Wahrnehmungen
glichen sich mit all den vergangenen,
mochten sie nun Wirklichkeit
oder Sinnestäuschung gewesen sein.

25

Setz dich zu mir,
lass uns in die Weite schauen,
ein Stück in unseren Gedanken wandeln,
du und ich nur sein,
du und ich allein.
Lass uns gehen über die geheimnisvolle Brücke,
suchen nach der ungeklärten Lücke.
Lange schon trachte ich nach dem Erkennen,
niemand kann mir einen Namen dafür nennen.
Gefangen in der Liebe Ohnmacht,
denke ich an den Ausweg, Tag und Nacht.
Lass' uns in Fantasien träumen,
es gibt nichts zu versäumen.
Dunkel, die Schemen in meinem Tag,
hell nur, wenn ich nah dir lag.
Ohne dich, bin ich oft angespannt,
will gewaltsam durch die Wand,
bin allein mit meinem Kummer,
finde manchmal keinen Schlummer.
Sehe dich in der Ferne,
wer du bist, das wüsste ich sehr gerne.
Nehme wahr nur mein Empfinden,
reihe mich ein bei den ewig Blinden.
Drum lasse uns ans Fenster treten,
den Priester lassen wir alleine beten.
Schon scheint der volle Mond
zeichnet schwarze Schatten, scharf betont.
Komm in meine Arme,
ich trage dich ins Bett, ins warme,
will dich lieben,
bis morgen früh um sieben.

26

Ja, es ist möglich,
wir haben es erlebt
zwei Individuen
werden eins,
ohne dabei
Authentizität einzubüßen.

27

Dein lieblicher Gesang,
lange schon verstummt,
höre ich doch den Nachhall
jeder Strophe Worte
und rufe deinen Namen.

28

Der Weg
führt mich
zum Steg.
Vergesse nicht
dein Gesicht.
Du scheinbar unbewegt,
doch ich war aufgeregt.
Liebe lachte
mir entgegen,
Gefühl erwachte.
Nicht bewegen
nackter Fuß
im Regen.

29

Zaubertest mir Flügel,
lehrtest mich das Fliegen,
Seite an Seite zelebrierten wir,
hoch oben,
in den höchsten Höhen,
die Leichtigkeit der Schwebe,
unbeschwert und frei
und voller Lebenslust.

30

Brauchst mich nicht zu führen,
der Weg ist mir bekannt.
Von dort, wo du stehst,
mag dies nicht deutlich sein,
aber er ist mein.
Musst dich nicht mit mir befassen,
kenne was vom Gehenlassen,
doch verschließt du deine Tür,
bleibt ein Teil von mir
bei dir.
Gehe du nur deinen Weg,
ich folge weiter,
dem porös gewordenen Steg,
führt er mich doch hin
zum Meer.
Ich verlange nichts
und kein bisschen mehr.

31

Blicke berühren,
Düfte erfreuen,
Musik verzaubert,
Stimmen verwirren,
Liebe fordert,
stillt nicht Hunger,
nicht Verlangen,
ist Gunst und Pein,
selten Gnade,
oftmals hindernd,
häufig absent,
doch niemals nichts.
Zu früh starb die Rose
weil ich sie pflückte.

32

Webtest alles ein
in den weichen Teppich
deiner Verliebtheit,
benutztest edelste Fäden
knüpftest raffinierte Knoten
und originelle Muster
wirkungsvoll die farbige Vielfalt.
Aber du fandest kein Ende,
verheddertest dich,
warst unverhofft allein
mit deinem Kunstwerk,
das Chaos zu entwirren.

33

Tief in dir
einen Atemzug tun
nichts sehend.
nichts hörend.
Bist wie ein Schatten,
als wären Farben
niemals da gewesen.
Deine Lippen zittern,
kann nicht verstehen,
was du sagst.
Vages Licht schleicht
in meine Benommenheit,
ein rosafarbener Moment
entlockt den Schrei
schon ist es vorbei.
Tränen,
lass sie rinnen
über meinen Leib.

34

Geh mit mir dorthin,
wo niemand uns verführt
mit Blendwerk oder Ammenmärchen.
Schließe deine schönen Augen,
träum dich fort in die Weite satter Wiesen,
wo gelbes Gras und farbig, wilde Blumen
kniehoch sprießen.
Lass uns das Pferd der Liebe reiten,
die ganze Nacht hindurch.
Du bist für mich die Luft, die ich atme,
bist Wald, Berg, Flur und Ozean,
tief bewegt und weit.
Und ich treibe Welt-vergessen
auf den Wellen der Passion,
versenke mich in dein Begehren.
Was bin ich für dich,
was bleibt von uns,
wenn der Himmel sich verdunkelt
und Helligkeit für immer geht?
Lege deinen Kopf auf meine Brust,
bis uns in der Schwebe pittoresker Träume,
der Schlaf vereint.

35

Hinter dem Hauseingang
und unter dem Fenster,
lauern Vergangenheitsgespenster.
Weiß genau warum sie kamen,
erinnern mich an deinen Namen.
Ja, meine ehemals Geliebte,
aber lange Ausgesiebte,
sich zu ergeben ist nicht leicht,
wenn Zuneigung nicht mehr reicht.
Hattest dich zu sehr festgekrallt,
bist jetzt nur noch eine Spukgestalt.
Habe alles falsch gemacht,
doch mein Ego hat gelacht.
Uns trennten Welten
und du ließt es gelten.
Ist nicht leicht dich abzuschütteln,
daran ist leider nichts zu rütteln.

36

Vor mir,
im fahlen Licht des Mondes,
hastete der Wächter der Gestirne,
und meinen Schritt beflügelnd,
so ich schneller bei ihr sei,
folgte mir der Geist des Waldes,
und in der Biegung,
wo sich alle Wege kreuzen,
stand die Villa.
Sie wartete im Türbogen,
und im kalten Atem des Windes,
wehten seidene Tücher,
verhüllten ihren zitternden Leib,
seine Schönheit nicht,
und im Ton ihrer Stimme
lag die Trägheit dieser Nacht,
die sich dem Dämmerschein
des erwachenden Tages zuneigte,
und als sie mich berührte,
versank ich in einen tiefen,
traumlosen Schlaf.

37

Heute ist mir nach weinen
gibt Anlass, will ich meinen,
brauchst mich nicht zu fragen,
habe nichts dazu zu sagen,
halte es auch nicht in schach,
gebe einfach nach.
Voll von Kummer und von Schmerz,
ist dieses oft geprüfte Herz.
Ertrug zu viele Hoch- und Tiefgefühle
und der liebe Wonnen Vestibüle.
Will an deinem Busen liegen,
dort wird mein Weinen bald verfliegen,
drum sei mir meiner Mutter Schoß,
halt mich fest und lasse nicht mehr los.
Heute ist mir nach weinen,
gibt Anlass will ich meinen.

38

Ein stetes Rinnsal
benetzt den Felsen,
sickert in den Pool
meiner Liebe.
Deine Schönheit,
ausgestreckt im Gras.
Hätte ich geahnt,
es war ein Traum,
ich hätte weitergeschlafen.

39

Kannst in mich sehen,
Gedanken lesen,
die wir teilen,
meine und deine,
wohin wir gehen,
ohne Antwort,
doch du bist längst schon dort,
wohin ich hin denke.

40

Hast mir zärtlich in das Ohr gebissen,
ob ich dich noch liebe, willst du wissen.
Aber ja doch, rufe ich heiter aus,
wäre doch sonst nicht mehr im Haus.
Bin dein Mond, sobald die Sonne untergeht.
Wärme dich,
wenn kalter Wind um alle Ecken weht.
Bin dein stilles Wasser, tief und weit,
dein Regenbogen in der Regenzeit.
Du sollst schimmern in den hellsten Farben,
bist für mich die Schönste aller Gaben.
Ich küsse dir die Tränen vom Gesicht,
an meiner Liebe zweifeln,
musst du wirklich nicht.
Brauchst auch nicht mehr danach fragen,
werde es dir jeden Tag jetzt sagen.

41

Weinen wäre pathetisch,
all die Erinnerungen,
längst eingeschlafen.
Es ist so, wie es ist.
Müssen wir uns trennen,
tun wir es,
weder mit gebrochenen Herzen,
noch mit der Qual
des letzten Kusses.

42

Über die Glut ihrer Zigarette
schaute das Mädchen Haruko,
schön, wie ein warmer Frühlingstag,
gedankenverloren ins Feuer.
Rot, blau, grün, pink, orange
und weiß und gelb
züngelten tausend Flammen
in den Himmel des Abends
und die heiße Pracht
brannte auf ihrer Haut.
Einen delikaten Moment,
überraschte sie Erregung,
pikant-süßlich, die Empfindung,
verging mit einem Seufzer.
Das Feuer erlosch.

43

Im Whiskyglas
da war etwas,
hinter meiner Stirn,
ganz tief im Hirn
in den Gedanken,
ließ mich leise wanken,
aber nicht verwirren,
denn Gefühle können irren.
Jäh fiel mir dann ein,
konntest du nur sein.
Ganz klar, ich hatte Liebe
im Getriebe.

44

Kamst Schritt auf Tritt,
nahmst mich einfach mit.
meine Flügel lahm
unter deiner Krone.
Sprachst zauberisch-leise, sanft,
bedecktest dein Begehren,
hieltst verschlossen diese Tür.
Ich litt still und raunte,
will deine Sänfte sein,
dein Weg nach Hause.

45

Schaue
den Schimmerglanz des Meeres,
des Himmels unverhofftes Blau.
Lau die Windes Brise,
sonnenhell das Ufer.
Nehme das Gelb und Grün
der Bäume und des Lichts
der Rosen leuchtend rot,
flechte einen Kranz
mit dem Purpur wilder Reben,
verschmerze was gewesen ist,
einzig du
meine wilde Liebe bist.

46

Von meinen Träumen kann ich Dir nichts geben,
die muss jeder für sich alleine weben.
Die großen und die kleinen Schemen,
niemand soll sie von uns nehmen.
Könnte Dir stundenlang davon erzählen,
aber vielleicht würde es Dich quälen.
Das Leben, das wir leben,
basiert auf Pfaden, denen wir entgegen streben.
Ich wähle manchmal das Alleinsein,
denn es lindert meine Pein.
Freundschaft will ich gern Dir offerieren,
musst es halt mit mir probieren.
Aber stehe mir bitte nicht im Weg,
denn Freundschaft ist ein Privileg.
Doch bist Du in der Lage sie zu pflegen,
werde auch ich sie gerne hegen.
Lehne Dich an meine Wärme,
bist Du mir nah, halte ich Dich gerne.
Hören wir auf unsere Herzen,
lindern so gemeinsam Seelenschmerzen.
Und bleibst Du mir geneigt,
ist es Liebe, die sich bald schon zeigt.

.

47

Dein Herz hat sich verhärtet,
kann dich nicht mehr erfassen,
unsere Liebe scheint entwertet,
werde mich nicht hängen lassen,
hieltst mich mit Lügen noch auf Trab,
wie konnte ich nur so erblinden,
all deine bunten Federn fielen ab,
kann keine Ruhe finden,
hatte auf dich gebaut,
bitter schmeckt jetzt deine Haut,
mein Verlangen ist erkaltet fast,
wie ein in Schnee gehüllter Ast.

48

Die Liebe überraschend kam,
sein Herz ihm nahm.
innere Ruhe verschwand,
auch zitterte die Hand,
sein Körper stand in Flammen,
und er holte sich auch Schrammen.
Und wie so oft,
ganz unverhofft
in der Wonne mitten,
war sie ihm entglitten.

49

Liebst du Schönheit
und Vollkommenheit,
billigst aber auch
Imperfektes und Vergängliches,
hast du gelernt
den Fluss des Lebens
zu akzeptieren.

50

Von dir war nichts zu sehen,
nicht im Sitzen,
nicht im Stehen,
nur deine makellosen Füße,
schickten meinen Augen beste Grüße,
schauten aus dem Plumenau,
mal so, mal so,
würde sie gerne einmal schmecken,
doch ich wollte dich nicht wecken.

51

Wehmutsvolle Sehnsucht,
trinke dich tröpfchenweise,
aber das Glas,
ist noch längst nicht leer.
Und wie,
wie kann ich lieben?
Lass uns gemeinsam
die Möglichkeiten zählen.

52

Ist sie in meiner Nähe,
macht sie mich nervös.
Ist sie da,
geht es mir gut.
Mit jemandem zu leben,
den man liebt,
ist genauso schwierig,
wie den zu lieben,
mit dem man lebt.

53

Wir trafen uns
am tiefsten Punkt,
auf den höchsten Höhen
meiner Niedergeschlagenheit.
Kalt sah ich dich an,
abweisend,
ohne Zuneigung.
Doch du lächeltest,
sprachst freundliche Worte,
berührtest mich,
nährtest meine Sehnsucht
und ich fühlte mich fühlen,
konnte wieder lieben.

54

Kann dir nicht mein Leben,
all meine Träume geben.
Willst mich nicht missen,
aber müssen wir gleich
die Fahne der Liebe hissen?
Solltest stets bedenken,
kann nicht einfach so
mein Herz herschenken.
Würde dich beseelen,
dir deine Träume stehlen.
Und bitte, steh nicht so nah,
denn berührst du mich,
spür ich dich,
hör dein Herz laut klopfen,
wie dicke Regentropfen.
Liebe,
ohne Scherz,
birgt auch Seelenschmerz,
lass uns heiter sein,
und ohne Pein.

55

Es gibt da etwas,
ein Gedankenbeet,
nicht ausgesät von mir.
Und doch,
ich spüre Lippen,
die mich noch nie küssten.
Augen, die mich fesseln,
aber in die ich niemals sah.
Spüre warme Hände,
die mich nie berührten.
Und ich denke,
wie es wohl wäre,
käme mir dieses Bild abhanden,
diese Liebe,
die es nie gab.

56

Schlüpftest in meine Seele,
als ich schlief.
Kamst in meine Träume,
trugst sie fort,
alle meine Leiden,
meine fleckige Vergangenheit.
Berührtest mich mit warmen Händen
und zarten Küssen.
Warum kann ich dich nicht erkennen,
nicht berühren?
Weshalb weiß ich nicht,
was du bist oder wer?